8° Z
Le Senne
13000

DU

PLAIN-CHANT PARISIEN.

EXAMEN CRITIQUE

DES MOYENS LES PLUS PROPRES D'AMÉLIORER ET DE POPULARISER CE CHANT,

ADRESSÉ A

Monseigneur l'Archevêque de Paris,

PAR M. THÉODORE NISARD,

Auteur de la *Vie de la Reine Blanche de Castille*, de l'*Histoire de Charlemagne*,
de la *Bibliothèque illustrée des classes ouvrières*, etc.;
second maître-de-chapelle et organiste-accompagnateur à l'église Saint-Gervais, de Paris.

« Christiani soliti sunt convenire, carmenque
« Christo quasi Deo dicere secum invicem. »

(PLINIUS SECUND., lib. x, epist. 97 *ad Trajanum.*)

LIBRAIRIE CATHOLIQUE DE PERISSE FRÈRES,

PARIS,	LYON,
DU PETIT-BOURBON, 18,	GRANDE RUE MERCIÈRE, 33,
à la place Saint-Sulpice.	en face l'Allée marchande.

25 FÉVRIER 1846.

après Platon (1) et Athénée (2), la musique est toute puissante dans son action salutaire sur les bonnes mœurs, c'est bien celle qui retentit dans nos sanctuaires. Les Saints Pères sont unanimes sur ce point, sanctionné d'ailleurs par la liturgie universelle et constante de l'Église.

En sorte, Monseigneur, que le chant ecclésiastique revêt trois caractères qui le rendent auguste et vénérable : sa nature intime, — son antiquité, — et son adoption par l'Église. On peut dire avec un noble orgueil que, sans le catholicisme, l'Europe ne posséderait point les restes précieux de la musique grecque ; mais la religion, qui est éminemment conservatrice, a sauvé les beaux-arts de l'ancienne civilisation, comme elle en a sauvé la littérature et les sciences.

Il me serait facile de citer, en faveur des mélodies sacrées, les paroles des plus grands artistes modernes, des Villoteau, des Fétis, des Choron, des Baïni, d'une foule d'hommes judicieux et éclairés qui ont compris le chant de la prière et ne l'ont trouvé que dans la liturgie catholique. Je pourrais aussi rappeler que le divin Palestrina, ce roi de la grande école romaine, a créé les plus magnifiques combinaisons musicales sur le fond des cantilènes séculaires de l'Église. Mais à quoi bon, Monseigneur? Il suffit d'avoir une âme tant soit peu sensible aux convenances esthétiques de l'art chrétien, pour rendre hommage au plain-chant. Les accents purs et tendres des supplications adressées à la Reine des Cieux, la prose funèbre du *Dies iræ*, le chant large et majestueux du *Te Deum*, les broderies mélodiques que les Croisades ont déposées dans les graduels de la messe, une simple antienne même exécutée avec sentiment, tout cela m'émeut, tout cela fait vibrer la prière en mon âme; je sens qu'il y a là quelque chose qui produit en moi une émotion d'un ordre relevé, d'une nature toute différente de celles que je ressentirais au concert ou au théâtre : c'est l'émotion religieuse par excellence, c'est l'émotion du sanctuaire...

(1) In *Timeo*, prope finem.
(2) Lib. xiv de ses *Deipnosophistes*.

Les hommes frivoles du siècle n'apprécient point de la sorte, je le sais, les beautés incontestables des mélodies ecclésiastiques.

Cela tient à plusieurs causes.

D'abord, il n'y a pas une seule école en France où l'on étudie l'histoire, la théorie et la pratique du plain-chant. Le *Conservatoire de musique* de Paris, cette colossale institution qui devrait bien aussi payer son tribut à l'Église, forme à peine quelques organistes habiles, grâce au beau talent de M. Benoist; mais ces élèves ne possèdent pas la moindre notion historique et intime du plain-chant : chez eux, il n'y a rien qui révèle que l'artiste sait ce qu'il est appelé à traiter sur le clavier magique de son instrument.

La maîtrise de Notre-Dame de Paris remplit, dira-t-on, cette regrettable lacune. Je ne le pense pas. Là, comme au Conservatoire, on apprend à quelques enfants l'harmonie, le contre-point et le jeu de l'orgue. Mais y a-t-il un cours complet d'histoire de la musique religieuse? Y enseigne-t-on en détail tout ce qui compose la vaste science du *Canto fermo?* Non, Monseigneur, et je ne pense pas exagérer en avançant ici, que les élèves de la maîtrise sont plus ignorants encore, sur toutes ces choses, que ceux du Conservatoire.

Même lacune dans les écoles primaires et dans les écoles normales.

Même lacune encore dans les grands et les petits séminaires. C'est ici surtout, Monseigneur, que la liturgie musicale est négligée d'une manière déplorable. C'est tout au plus si les jeunes lévites consacrent une heure ou deux chaque semaine à la répétition superficielle de quelques bribes de plain-chant. On n'y apprend pas aux prêtres la musique, comme le veulent cependant d'une manière formelle saint Augustin (1) et le concile de Trente (2); ce serait, dit-on, une source de distractions et une perte de temps.

(1) « Sacerdotes scire tenentur musicam ad laudes Dei cantandas. »

(2) « Ut in disciplinâ ecclesiasticâ commodius instituantur, grammatices, cantûs, « computûs ecclesiastici aliarumque artium disciplinam discent. » (Cap. XVIII, sess. 23, de Reformatione.)

Ainsi, sous ce singulier prétexte, on foule aux pieds la prescription de l'Église et des Pères. C'est contre cet abus, Monseigneur, que les hommes graves se récrient depuis longtemps, et c'est ce qui faisait dire à un pieux écrivain : « J'ai toujours vu avec le dernier
« étonnement et la plus vive douleur, que la plupart des jeunes
« ecclésiastiques qui sortent des séminaires sont si peu cultivés du
« côté du plain-chant, que loin d'être en état de chanter correc-
« tement et avec onction aucune des grandes pièces de l'office, on
« les voit tous les jours s'embarrasser en entonnant une antienne
« de deux syllabes, un *Gloria in excelsis*, un *Credo*, un *Ite Missa*
« *est* (1). »

Que résulte-t-il de cet état de choses, Monseigneur ? — Il résulte que l'enseignement *véritable* du chant ecclésiastique n'existant nulle part, il est impossible que le goût de ce chant se propage. Les professeurs, en effet, le regardent comme une vieillerie ridicule qu'on devrait enfin bannir du sanctuaire ; les organistes le traitent avec le plus souverain mépris ; et le clergé lui-même, en général, n'y comprenant rien, lui préfère la musique moderne. Le plain-chant, ainsi en butte aux persiflages de l'ignorance, ressemble à l'architecture gothique à laquelle on voulait, il n'y a pas longtemps encore, substituer celle des païens pour la construction de nos églises. Une heureuse réaction s'est opérée depuis que les artistes ont fait justice des préjugés, et poussé la foule dans la voie d'un goût plus pur. Monseigneur, il en sera de même du plain-chant : on le préférera dans nos temples aux productions de la musique moderne, lorsqu'une instruction solide aura démontré aux musiciens, aux fidèles, au clergé, que rien ne peut l'y remplacer.

On dira peut-être que l'instruction solide dont je parle est au pouvoir de tous ; qu'il existe d'excellents traités sur la matière ;

---

(1) Remi Carré, *Le maistre des novices dans l'art de chanter*, ou règles générales, courtes, faciles et certaines, pour apprendre parfaitement le plein-chant (sic); Paris, in-4°, 1744. Le premier chapitre de cet ouvrage (p. 1-18) contient des choses curieuses au point de vue historique.

que l'on a les savants ouvrages d'Adami da Bolsena (1), du récollet Andrea (2), d'Antony (3), de Bonaventure de Brescia (4), de Cerone (5) et de son abréviateur George de Guzman (6), de Coferati (7), de Cousin de Contamine (8), du P. Eveillon (9), de Fétis (10), de

(1) *Observationi per ben regolare il coro*, etc.; Roma, in-4°, 1711. Cet ouvrage qui est peu commun, est cité par Benoît XIV dans sa lettre encyclique de 1749.

(2) *Canto armonico o canto fermo* ; Modène, in-4°, 1690. C'est le meilleur ouvrage sur le plain-chant qu'ait produit l'Italie. Malheureusement, il est d'une rareté fabuleuse.

(3) *Archæologisch-liturgisches lehrbuch des gregorianischen Kirchengesanges* etc.; Munster, in-4°, 1829. Ce livre, d'une haute et judicieuse érudition, est le meilleur traité de plain-chant qui ait paru en Allemagne.

(4) *Regula musicæ planæ*; Venise, in-4°. Ce traité, écrit dans un idiome moitié latin, moitié italien, a eu plusieurs éditions dans le xvi° siècle. La bibliothèque du Conservatoire de musique, à Paris, possède (n° 7004) une traduction italienne de ce traité, sous le titre : *Regola della musica plana*, in-8°, 1513.

(5) *El Melopeo y maestro* etc.; Naples, in-fol., 1613. L'Espagne place ce livre, avec un légitime orgueil, au nombre des plus belles productions musicales de l'Europe. On y trouve d'excellentes choses sur le plain-chant. Je ne connais qu'une seule bibliothèque publique, en France, qui ait un exemplaire du *Melopeo* : c'est celle du Conservatoire des arts et métiers, à Paris.

(6) L'ouvrage de cet auteur, inconnu à M. Fétis, est intitulé : *Curiosidades del Canto llano;* Madrid, in-4°, 1709. J'en possède un exemplaire.

(7) *Il cantore addottrinato;* Florence, petit in-8°, 1682.

(8) *Traité critique du plain-chant;* Paris, in-12, 1749. Ce livre est indispensable à ceux qui ont celui de Léonard Poisson, dont il est la critique. Il se trouve à la bibliothèque Sainte-Geneviève de Paris, sous le n° 1177, ^{3} V.

(9) *De rectâ psallendi ratione* ; La Flèche, in-4°, 1646. Benoît XIV le cite comme une autorité. La bibliothèque des Pères de la compagnie de Jésus, rue des Postes, à Paris, possède un exemplaire de cet ouvrage.

(10) *Biographie universelle des musiciens;* Bruxelles, 8 vol. in-8°. — *Méthode élémentaire de plain-chant;* Paris, grand in-8°, 1843, etc. — Ce sont d'excellents ouvrages qui contiennent cependant de singulières erreurs sur le chant ecclésiastique. Citons-en quelques-unes. D'abord, sur quelles raisons s'est basé M. Fétis, lorsqu'il a positivement avancé que— « le plain-chant tire son nom de deux mots latins, *planus* « *cantus*, qui signifient *chant solennel*, ou *chant qui plane* dans l'espace du temple? » (Méth. de pl.-ch., p. 1.) — D'où vient qu'il s'est mépris, d'une manière non moins étrange, au point d'enseigner que la note dominante des huit modes ecclésiastiques est la *cinquième* des authentes et la *quatrième* des plagaux? (Biog. univers., tom. I, pag. cxlix et cci.) — Pourquoi enfin dit-il que le chant des psaumes

Martin Gerbert (1), de Glaréan (2), de dom Jumilhac (3), de Kiesewetter (4), du P. Kircher (5), de l'abbé Lebeuf (6), de Pierre Maillart (7), du P. Martini (8), de Jean Millet (9), de Guillaume Nivers (10), d'Ornithoparcus (11), du P. Parran (12),

s'appelle *intonation* (Méth. de pl.-ch., p. 33), tandis qu'il est manifeste que l'intonation n'est qu'une partie de ce chant.— Tout cela est d'autant plus inconcevable, que M. Fétis, qui a enseigné ces choses, est sans contredit l'homme le plus éminent de l'Europe musicale.

(1) *De Cantu et musicâ sacrâ*, saint Blaise; 2 vol. in-4°, 1774. — *Scriptores ecclesiastici de musicâ sacrâ;* ibid. 3 vol in-4°, 1784.

(2) *Dodécachordon;* Bâle, in-fol., 1547. Le 1er livre du *Dodécachordon* expose la doctrine des huit tons usités du plain-chant, avec des considérations importantes et fort instructives.

(3) *La Science et la pratique du plain-chant;* Paris, in-4°, 1673. Cet ouvrage, ainsi que celui de Léonard Poisson que nous citerons plus loin, contient de graves erreurs historiques sur l'ancienne solmisation. Nous conseillons de ne les lire qu'après avoir étudié attentivement, dans la *Biographie universelle* de M. Fétis, les pages CLXVI-CLXXII du tome Ier, et les articles consacrés à Guido d'Arezzo (tome IV, p. 451-464), et à Jean Cotton (tome III, p. 203).

(4) *Geschichte der europæisch-abendlændischen oder unsrer heutigen Musik* (Hist. de la musique de l'Europe occidentale); Leipsick, in-4°, 1834.)

(5) *Musurgia universalis;* Rome, 2 vol. in-fol., 1650.

(6) *Traité historique et pratique sur le chant ecclésiastique;* Paris, in-8°, 1741.

(7) *Les tons*, ou discours sur les modes de la musique et les tons de l'Église, et la distinction entre iceux; Tournay, in-4°, 1610.

(8) *Storia della musica*, 3 vol. in-4°; Bologne, 1757-70 et 81.

(9) *Directoire du chant grégorien;* Lyon, in-4°, 1666.

(10) *Dissertation sur le chant grégorien*, in-8°, 1683.

(11) Le premier livre de son *Musicæ activæ micrologus* ; Leipsick, très-petit in-4° oblong, 1517. M. Fétis dit (*Biog. univ.*, tom. VII, p, 93), que cette édition, inconnue à tous les biographes, est *gothique* ; c'est une erreur : il n'y a que les titres des chapitres qui soient imprimés en caractères gothiques. Cette édition existe à la Bibliothèque royale de Paris.

(12) Le quatrième livre de son *Traité de la musique théorique et pratique*, Paris, in-4°, 1646. M. Fétis (*Biogr.*, tom. VII, p. 165), dit en parlant de ce travail du P. Parran : « Cet ouvrage est un des plus rares parmi ceux qui ont été « imprimés en France. L'édition de 1636, citée par Forkel, Gerber, Choron et « Fayolle et les autres biographes, n'existe pas; l'approbation de celle de 1646 en

— 10 —

de Camille Perego (1), et de l'abbé Léonard Poisson, curé de Marchangis (2).

Oui, Monseigneur, nous avons tous ces ouvrages et bien d'autres encore; mais, outre qu'ils sont d'une rareté excessive et pour la plupart écrits dans des idiomes étrangers, il faut être initié au système des *muances* pour comprendre ceux qui ont paru depuis Jean Cotton jusqu'au xviie siècle. Or, il y a peu d'hommes en France qui aient une idée approfondie de ce système difficile et compliqué de solmisation. Et pourtant, la connaissance en est indispensable à ceux qui veulent recourir aux sources historiques et pratiques de la musique, soit *plaine*, soit *figurée*. Dans l'impuissance donc où l'on était de consulter les ouvrages anciens, mais solides, on s'est mis à compulser une foule de petites méthodes on ne peut plus sottes et plus superficielles, et l'on y a puisé quelques notions erronées et vagues. Il n'est pas surprenant, Monseigneur, que de pareilles notions aient jeté de la défaveur sur le plain-chant qui a contre lui une foule de *dilettanti* aux petits pieds.

Une autre cause de la dépréciation du plain-chant, c'est la manière dont il est généralement exécuté dans nos églises. Les voix

---

« est la preuve. » — Nous ferons observer à M. Fétis que le millésime 1636 de l'édition qu'il nie, est sans doute une faute d'impression qui, du livre de Forkel, a passé dans les autres livres de bibliographie musicale. Forkel a probablement voulu citer l'édition de 1639 qui existe bien réellement, quoique M. Fétis n'admette que celle de 1646. Le docte musicographe de Bruxelles qui est devenu l'acquéreur d'un manuscrit de Perne, intitulé : *Catalogue raisonné des ouvrages de musique théorique et pratique, etc., qui existent à la bibliothèque royale, à celle du Conservatoire et autres* (Biograph. univers., tom. VII, p. 201), aurait dû savoir qu'il existe une édition 1639 du livre du P. Parran, à la bibliothèque du Conservatoire des arts et métiers, à Paris. Le chapitre IV (p. 124-125) du quatrième livre est on ne peut plus intéressant : l'auteur y développe, d'une manière historique, les différents caractères des modes du plain-chant.

(1) *La Regola del canto fermo ambrosiano*; Milan, in-4°, 1622.

(2) *Traité théorique et pratique du plain-chant*; Paris, in-8°, 1750. — Il ne faut pas confondre ce livre avec la *Nouvelle méthode pour apprendre le plain-chant*, par l'abbé Poisson ; Rouen, in-8°, 1789. Cette *nouvelle méthode* n'a aucune valeur.

qui sont chargées de ce soin, leur petit nombre, les différents systèmes d'éducation cantorale, la longueur excessive des offices, les harmonisations dont on revêt les mélodies religieuses, les instruments qui les accompagnent, — tout concourt à défigurer la liturgie musicale.

Et d'abord, depuis François Ier, qui aimait les basses-tailles, on n'entend plus dans le sanctuaire que de vrais mugissements de grosses voix. Les basses-tailles y ont l'unique privilége de commencer, de continuer et de finir les parties chantées de l'office divin. Si quelque fidèle veut s'unir au chœur, si quelque pieuse jeune fille ou quelque enfant veut suivre les mélodies sacrées, aussitôt ils éprouvent une impossibilité physique, absolue, de satisfaire à ce désir louable. Il leur faut chanter dans un diapason ou trop élevé ou trop grave ; et ils prennent le parti de se taire. — Les grosses voix de nos lutrins ont, en outre, un double défaut dont on n'a pas assez tenu compte. En premier lieu, elles ont introduit une dominante *unissonique* dans l'intonation des cantilènes sacrés, et ôté par là le caractère propre aux anciens modes grecs qui, comme on le sait, sont l'origine de nos modes ecclésiastiques. Pour conserver ce caractère primitif, on devrait exécuter les morceaux de plain-chant comme ils sont écrits et sans transposition ; mais il est nécessaire pour cela d'avoir un chœur bien fourni et composé de voix différentes. Aussi, Monseigneur, je me suis toujours dit que si un jour je deviens maître-de-chapelle d'une église cathédrale, je disposerai les voix des chantres, des séminaristes et des enfants en plusieurs groupes, et assignerai à chacun de ces groupes les modes qui conviennent à leur diapason vocal. — Deuxièmement, dans l'hypothèse où il serait impossible de n'avoir qu'un seul genre de voix, il me semblerait convenable de donner la préférence à celui de ténor. La raison en est simple, à mon avis : le ténor possède un organe plus flexible, plus en harmonie avec l'organe des masses ; et, de plus, les mélodies qu'il exécute ne sont pas empreintes de cette *dureté* qui résulte, en général, d'un chœur de voix graves et rauques.

J'ai insinué plus haut comme un grand obstacle à la belle expression du plain-chant le petit nombre de personnes chargées de l'exécuter. Le plain-chant, de sa nature, est unissonique ou *monodique*, pour me servir d'une expression de Kircher (1), c'est-à-dire que sa richesse, à lui, ne consiste point dans l'harmonie, dans la simultanéité des sons. Large, simple, sévère et majestueux, il n'est tel cependant que lorsque des flots de fidèles le font retentir sous les voûtes immenses de nos vieilles églises du moyen âge. Il ressemble en cela à tous les chants vraiment populaires. On peut se faire une idée de ce que nous avançons ici, en se rappelant l'effet magique produit par la célèbre messe que M. Danjou fit exécuter à Notre-Dame de Paris, le saint jour de Noël, il y a quelques années. Voilà comment le plain-chant veut être interprété, Monseigneur; voilà, à n'en pas douter, la condition *sine quâ non* de sa splendeur et de sa magnificence. Et, en cela, il participe à l'immensité de nos églises et surtout à la religion sainte qui l'a choisi pour être le plus bel ornement de son culte (2). Dans cette

(1) « Duplex cantus in Ecclesiâ Catholicâ usurpatus huc usque fuit, alcunationes « sive cantus firmus vel planus ; deindè figuratus, quorum utrumque nos non malè « *monodicum et polyodicum* dicimus. Ille *monodicus* dicitur, quod omnes idem « canticum sub iisdem intervallis concinant : hic *polyodicus*, quod pluribus diver- « sisque harmonice dispositis vocibus concinatur. » (*Musurgia univers.* , tome I, cap. VIII.)

(2) « L'Église a toujours eu un soin particulier du chant, comme d'une chose qui « est la plus importante et la plus considérable dans le culte extérieur. D'où vient « que ceux qui d'ancienneté ont esté proposez à la conduite du chant et des céré- « monies ont plû tost pris la qualité de Chantre que celle de Cérémoniaire, pour « marquer par là que l'application au chant estoit la principale partie de leur devoir « et de leur charge. Ce n'est pas qu'il ne faille faire beaucoup d'estat des cérémonies : « Il faut au contraire en avoir l'estime qu'elles méritent. Il faut les pratiquer avec « toute l'exactitude possible : mais il faut reconnoistre que le chant est encore plus « considérable, en ce qu'il est plus commun et plus fréquent, plus exposé à la con- « naissance de ceux qui sont dans l'Église, et plus capable d'exciter dans leurs cœurs « de saintes affections. Car on chante quasi toûjours dans la célébration de l'Office « Divin, au lieu que l'on ne fait que bien rarement des cérémonies, et quelquefois « seulement à de certains versets. De plus le chant est entendu de chacun, et si l'on « y commet des manquements d'ignorance, de précipitation, de pesanteur, de négli-

divine religion, tout révèle l'union des esprits et des cœurs, union symbolisée par nos assemblées religieuses elles-mêmes. Tous les fidèles qui assistent à ces assemblées se joignent au prêtre qui préside au mystère du sacrifice de la nouvelle loi; tous participent, s'ils en sont dignes, aux mêmes sacrements; tous écoutent la parole de Dieu; tous croient aux mêmes dogmes; — pourquoi tous ne chanteraient-ils pas, pour jeter au monde une harmonieuse et chaste expression d'unité matérielle? En un mot, pourquoi les chrétiens du XIX° siècle ne feraient-ils pas comme ceux des Catacombes, qui se rassemblaient et chantaient *en commun* des hymnes à Jésus-Christ, leur divin maître?

Je me félicite, Monseigneur, que vous m'ayez devancé dans la reconnaissance de cette haute vérité mystique, puisque vous voulez populariser le chant dans les églises de votre archidiocèse, à l'exemple de votre illustre prédécesseur saint Germain, de qui le poëte Fortunat a écrit ce vers si connu :

Pontificis monitis clerus, plebs psallit et infans.

La pensée qui a présidé à la rédaction de votre programme est déjà un sérieux *avertissement* qui fera comprendre au clergé et aux fidèles de Paris, qu'ils doivent s'unir aux chantres pour célébrer avec ceux-ci les louanges du Seigneur. Mais ce n'est là, Monseigneur, qu'une première tentative que des moyens pratiques pour-

« gence, d'affectation, de discord, et autres semblables, chacun s'en apperçoit, l'on
« en est mal édifié : mais quant aux cérémonies, elles ne sont ordinairement veuës
« que d'un petit nombre de personnes qui sont autour de l'autel, ou du chœur, et
« si l'on y commet quelque faute, il y en a peu qui soient capables de la reconnoistre,
« ou qui apportent assez d'attention pour la remarquer : enfin le chant a bien plus
« de pouvoir que les cérémonies pour s'insinuer dans les cœurs, et y faire naistre de
« pieux sentiments; ainsi que saint Augustin témoigne dans ses confessions qu'il
« l'avait éprouvé luy même, en sorte que lorsqu'il entendait chanter des Hymnes
« et des cantiques dans l'Église, ces sons agréables frappaient son cœur, aussi bien
« que ses oreilles, et y excitaient de si forts et de si tendres mouvements de dévo-
« tion, qu'il en versait des larmes. » (Dom Jumilhac, 1re partie, chap. IX, n° 5,
p. 24-25.)

ront seuls rendre féconde. Au nombre de ces moyens, je citerai les suivants :

1°. Engager souvent les fidèles, au prône de la messe paroissiale, à unir leurs voix à celles du chœur.

2°. Rapprocher du sanctuaire les pensionnats de garçons et de filles, et les exciter par des encouragements à suivre le chant des morceaux les plus connus.

3°. Prendre des mesures pour que les fidèles, surtout là où il y a peu d'assistants, ne se disséminent pas dans des églises qui sont parfois très-vastes.

4°. Permettre même l'entrée du chœur à tous les hommes qui veulent chanter (1).

5°. Prescrire aux bons et vénérables Frères de la Doctrine chrétienne l'enseignement du plain-chant, et distribuer chaque dimanche leurs élèves dans les différents chœurs de Paris.

6°. En agir de même avec les élèves du grand Séminaire.

Il est inutile de dire ici, Monseigneur, que ces six moyens présupposent ceux que nous avons précédemment indiqués dans ce *Mémoire*, et ceux dont nous allons nous occuper.

En tête de ces derniers, il faut placer l'uniformité des méthodes cantorales. Dom Jumilhac insiste sur ce point dans le neuvième chapitre du premier livre de son savant ouvrage : — « C'est une
« chose assez connue, dit-il, qu'il faut observer les préceptes d'un
« art pour bien faire l'ouvrage qui en est le but et l'objet. Mais il
« n'est pas moins clair que quand plusieurs y doivent travailler
« ensemble, il faut qu'ils ayent les mesmes regles, et qu'ils les
« gardent avec uniformité, autrement, au lieu de s'entr'aider, ils
« ne font que s'incommoder les uns les autres, et s'estre un mu-
« tuel empeschement et un obstacle. Or, il n'y a rien en quoy
« l'importance de cette maxime se fasse sentir plus vivement, que
« dans l'exercice du chant : car si ceux qui chantent ensemble ne

---

(1) Cela nuirait un peu, je le sais, à quelques petites cérémonies d'encensement auxquelles certaines personnes attachent malheureusement une trop grande importance, et qui devraient plutôt se faire dans le sanctuaire que dans le chœur.

« conviennent dans les mesmes regles et les mesmes pratiques, et
« qu'ils ne se rendent exacts et attentifs à les bien garder, il est
« impossible que le chœur ait l'accord et l'harmonie qu'il doit
« avoir, et qui est sa propriété inséparable, et qu'il n'arrive de
« l'altération dans la suite de ses notes et de leur mesure, dans le
« ton et dans le temps de ses silences; et qu'on ne tombe enfin
« dans le discord, qui est la chose du monde qui choque davan-
« tage. Ainsi le chant estant renversé à l'égard de ce qui luy est
« essentiel, il perit et cesse d'estre, ou s'il en reste quelque chose,
« ce n'est plus qu'une confusion de voix qui donne de la peine et
« du chagrin à ceux qui chantent, et blesse les oreilles de ceux qui
« écoutent (1). »

On ne saurait nier, Monseigneur, la justesse des réflexions que nous venons de transcrire. Évidemment, l'harmonie des principes conduit à l'harmonie de l'exécution, quand plusieurs y concourent. Mais si cela est vrai de l'exécution du plain-chant en général, ce l'est bien plus encore lorsqu'il s'agit de la psalmodie en particulier. Ici, Monseigneur, tout est livré à l'arbitraire, car il y a autant de systèmes psalmodiques que d'églises et de maîtres-de-chapelle : c'est, en un mot, un dédale inextricable, une confusion qui embrouille les choses les plus élémentaires. Ici l'on prétend que l'accentuation ecclésiastique doit se modifier lorsqu'il est question de l'appliquer au chant des psaumes; là, on soutient avec justesse, ce me semble, que l'accentuation est et doit être invariable, uniforme, logique. Ici l'on fait brève une syllabe qu'ailleurs on regarde comme longue. Dans certaines paroisses, il est permis d'élever la voix sur la dernière particule d'un mot, ce qui paraît rationnel et consacré par les traditions romaines; dans d'autres, au contraire, cela est interdit, bien que par une étrange contradiction l'abaissement tonal y soit admis en cette circonstance. Il y a des chantres qui, tout en se donnant des airs de puristes, prononcent le latin en vrais barbares; ainsi, par exemple, ils di-

---

(1) Dom Jumilhac, 1re partie, chap. IX, n° 1, p. 24.

disent : Glorificănt te, — sūpĕr vos, — adorāmus te; — tandis que d'autres repoussent cette prononciation rocailleuse, qui ferait grimacer Quintilien, s'il vivait encore (1). Enfin, il existe des *plainchantistes* qui saccadent et martèlent, par une multitude de brèves, les mélodies des psaumes, pour leur donner toutes les allures d'un récitatif; mais ici encore des contradicteurs s'élèvent, qui repoussent cette méthode leste et frivole, comme contraire à la gravité majestueuse du chant sacré. Je n'en finirais pas, Monseigneur, si je voulais dérouler à vos yeux les innombrables antilogies qu'ont fait surgir les différents systèmes psalmodiques. Je n'entrerai donc pas plus avant dans l'énumération de ces détails plus irritants qu'on ne pense, et me contenterai d'émettre une considération qui me paraît importante à plus d'un titre.

Pour quiconque a tant soit peu étudié l'histoire de la musique religieuse, il est un point qui est comme la synthèse des faits psalmodiques : c'est que le chant des psaumes, devant être réalisé par les masses, exige une exécution excessivement simple et facile. Aussi, Monseigneur, lorsque l'on consulte les plus anciens traités de psalmodie, on n'y aperçoit pas le moindre vestige de systèmes, ni de ces difficultés que les modernes ont accumulées à plaisir. Un manuscrit du IV° siècle, qui porte le titre d'*Instituta Patrum de modo psallendi*, et que Martin Gerbert a inséré dans le premier volume de ses *Scriptores*, donne, pour toute méthode de psalmodie, les prescriptions suivantes :

« Omni tempore, æstate vel hyeme, nocte ac die, sollemni sive
« privato, Psalmodia semper pari voce, æqua lance, non nimio,
« protrahatur; sed mediocri voce, non nimis velociter, sed rotunda,
« virili, viva et succincta voce, psallatur : syllabas, verba, metrum
« in medio et in finem versûs, id est initium, medium et finem,
« simul incipiamus, et pariter dimittamus. Punctum æqualiter

(1) C'est pourtant là ce que Léonard Poisson appelle, le plus naïvement du monde, un heureux perfectionnement dans la prononciation ecclésiastique !!! (*Traité du ch. grég.*, 1re partie, ch. II, p. 26.) Si Poisson est un Homère en fait de plainchant, il faut avouer qu'il *dort* aussi quelquefois...

« teneant omnes. In omni textu Lectionis, Psalmodiæ, vel cantûs,
« accentus sive concentus verborum (in quantum suppetit facultas),
« non negligatur; quia exinde permaxime redolet intellectus. »

Comme vous le voyez, Monseigneur, il est impossible d'être plus concis, plus simple et moins systématique. Hé bien! je préfère cette concision, ce laconisme et cette simplicité didactique à toutes les méthodes compliquées des auteurs et des maîtres modernes. Je voudrais que ce qu'il y a de plus populaire dans le chant religieux fût à la portée du peuple et des enfants. Et je crois que pour obtenir ce résultat désirable, l'autorité ecclésiastique ne ferait pas mal de renfermer, dans une espèce de *Psalterium*, le chant des principaux psaumes à l'usage des choristes et des fidèles, avec tous les versets notés d'après les huit tons ou modes. C'est la seule partie des offices divins, Monseigneur, qui soit livrée à l'arbitraire, et il serait bien temps, ce me semble, de faire cesser un semblable état de choses. On pourrait exclure du recueil que je propose, et même de la liturgie, certaines terminaisons psalmodiques qui sont empreintes du plus mauvais goût. Ajoutons qu'il serait même convenable de restreindre le nombre par trop grand de ces terminaisons : cette multiplicité, loin de mettre de la variété dans le chant, ne fait qu'y apporter de la confusion. C'est ce prétexte de variété, Monseigneur, qui a porté Drouaux à ramasser, dans sa *Méthode de plain-chant* (1), CENT SOIXANTE-QUATORZE terminaisons psalmodiques!!! L'abbé Lebeuf a cru faire acte de discernement et de modération en n'en adoptant qu'une QUARANTAINE. Il faut en convenir : ces maîtres sont tombés dans un encyclopédisme ridicule, si jamais il en fût...

Mais revenons à la discussion des causes qui contribuent à la détérioration du plain-chant. Gardons-nous bien de passer sous silence la *longueur des offices*. On ne saurait croire, Monseigneur, combien cette longueur est fatale à l'art chrétien.

Il suffit d'une simple réflexion pour s'en convaincre.

(1) Paris, édition 1690, 3ᵉ partie, pag. 85-138.

Le plain-chant doit être exécuté avec une majestueuse plénitude de vocalisation. Il y a des personnes, je le sais, qui pensent que l'on chante trop lentement dans les églises de Paris; mais elles sont dans l'erreur, ou je me trompe fort. Le chant ecclésiastique, en effet, doit remplir trois conditions : 1° il doit être grave; 2° il demande à être exécuté par des masses; 3° il est destiné à remplir de ses accents de vastes locaux. Ces conditions incontestables, Monseigneur, présupposent une certaine ampleur d'exécution. Or, qui ne voit que les mélodies religieuses, dans nos offices actuels, ne peuvent être réalisés de la sorte. La répétition de l'*Introït*, l'étendue démesurée des *Graduels*, des *alleluia* ou des *Traits*, les complies et les saluts interminables qui suivent les Vêpres, les petites heures que l'on chante partout à l'instar des églises métropolitaines, les sermons qui s'intercalent dans la célébration du culte, les processions nombreuses qui viennent prolonger les cérémonies extérieures, — tout cela produit inévitablement ce résultat : — que, pour mettre un terme à des offices ainsi accablants par leur extension, les chantres sont contraints de se hâter, et de sacrifier ainsi des cantilènes qui ne sont vraiment belles que lorsqu'elles satisfont aux lois indiquées précédemment.

Je n'insiste point, Monseigneur, parce qu'il me semble que cette partie de ma thèse porte en elle un caractère frappant d'évidence. Il ne m'appartient pas de diriger votre haute sagesse dans l'adoption des mesures qui pourraient faire cesser un aussi grand mal : il me suffit de proclamer un abus dont vous connaissez mieux que moi les conséquences. Dieu, qui vous inspire de nobles choses, Monseigneur, vous donnera la grâce de les parfaire pour sa gloire.

Je serai moins laconique sur les harmonisations dont on affuble le plain-chant. Il y aurait tout un volume à écrire sur l'histoire du contre-point appliqué au chant ecclésiastique. Ceci date de loin. Déjà, au viiie siècle, Hucbald, célèbre moine de Saint-Amand, enseignait à orner les mélodies religieuses d'une espèce d'harmonie connue, depuis Isidore de Séville, sous le nom d'*or-*

ganum ou de *diaphonie*. Cette harmonie consistait en suites de quartes ou de quintes par mouvements semblables, dans le goût barbare de l'exemple qui suit :

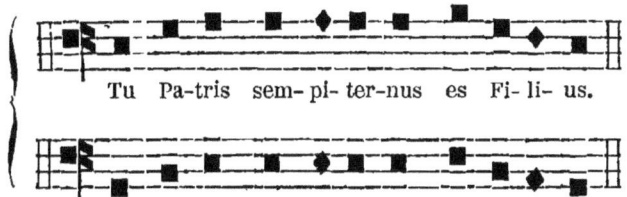

Cela s'appela d'abord *organiser le chant*. Vers le commencement du xie siècle, l'*organisation* prit aussi le nom de *discantus*, en vieux français *déchant*. Francon de Cologne, écolâtre de Liége, est, comme le remarque très-bien M. Fétis (1), le plus ancien auteur chez qui ce mot se rencontre. A cette époque, l'*organum* ou le *discantus* se fait, non plus seulement à deux parties (*in duplo*), mais parfois à trois voix (*in triplo*). Dans ce dernier cas, chacune des parties se désignait par une appellation spéciale : la plus grave s'appelait *tenor*, l'intermédiaire *motectus*, et la supérieure *triplum*. Le plain-chant, dans cette combinaison harmonique, n'est plus à la première partie, mais à la seconde qui prend, de cette circonstance, l'épithète de *motectus*. En voici un exemple tiré des ouvrages de Gui d'Arezzo :

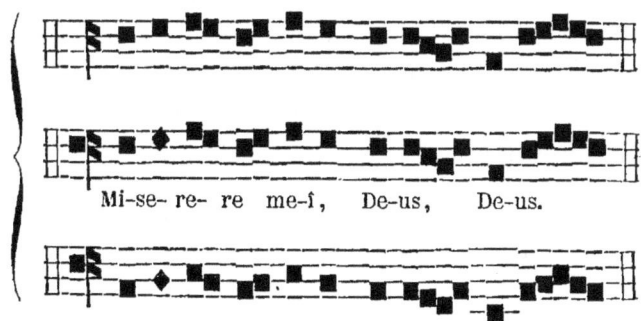

(1) *Biographie univ. des musiciens*, tom. I, p. clxxxiii.

A partir du xiiie siècle, l'organisation du plain-chant offre un caractère monstrueux qui fut à la mode pendant trois cent cinquante ans environ. Tandis que la voix *la plus grave* exécutait le *Canto fermo*, les autres faisaient entendre des paroles qui étaient souvent d'une obscénité révoltante. Les motets de Adam de Le Hâle, surnommé *le Bossu d'Arras*, parce qu'il était né en cette ville vers l'an 1240, sont conçus dans ce genre (1). Au xive siècle, le mot de *contre-point* (*contrapunctum*) est substitué à celui de déchant; la messe de Guillaume de Machault, qui fut exécutée au sacre du roi Charles V (2), nous offre le premier exemple connu de contre-point sur le plain-chant à quatre parties; mais, à part de notables améliorations matérielles d'harmonie, la décence ne s'y trouve pas plus respectée que dans les autres œuvres musicales de ces époques de transition. Le mauvais goût brava les anathèmes de l'Église, et il fallut toute l'imposante autorité du concile de Trente pour expulser du sanctuaire le mélange impie et ridicule des chansons licencieuses et des paroles sacrées.

Toutefois, on continua, comme dans les siècles précédents, à placer le plain-chant à la basse, et quant aux parties supérieures, si elles ne firent plus entendre des paroles étrangères au texte, elles ne le dénaturèrent pas moins par un autre abus harmonique. Ces parties, sautillant et s'entrechoquant sans cesse, ressemblaient, pour me servir d'une comparaison de Denis le Chartreux, à la frisure des cheveux ou aux plis châtoyants d'une robe de femme. Ce genre d'harmonisation, qui s'improvisait assez souvent et que, depuis longtemps déjà, on nommait *chant sur le livre* (3), offrait une singularité bizarre qui mérite d'être signalée. La basse exécutait les traits du plain-chant à *notes égales*, sans égard pour la quantité

---

(1) On en trouve six à la Bibliothèque du Roi sous le n° 2736 du fonds de la Vallière. Ce sont les plus anciennes compositions connues à trois voix réelles.

(2) Bibliothèque du Roi, fonds de la Vallière, n° 2771.

(3) Ceux qui veulent se former une idée de ce chant peuvent assister aux offices de l'Église Saint-Sulpice, à Paris. Cette musique détestable, propagée dans ces derniers temps par le docte M. Perne, y fait tous les frais du service divin...

des syllabes, tandis que les autres parties, qui respectaient scrupuleusement cette quantité, ne concordaient jamais entre elles pour la simultanéité des mots (1). Dans la suite, on reconnut que le *chant sur le livre* n'était pas assez grave, et on lui substitua, en beaucoup d'églises, un contre-point de notes contre notes auquel on donne aujourd'hui l'épithète impropre de *faux-bourdon*, qui ne convient, selon nous, qu'à l'harmonisation non figurée des *psaumes et des cantiques* (2). Dans certains pays catholiques, au contraire, à l'exception des faux-bourdons psalmodiques, on abandonna presque totalement l'harmonisation *vocale* du plain-chant, et lorsque parfois on en fit usage, on plaça, comme primitivement, la cantilène sacrée à la partie supérieure.

Telle est, Monseigneur, l'esquisse historique de l'harmonisation vocale du plain-chant réduite à ses traits les plus essentiels. J'ai insisté sur cette intéressante partie de la liturgie musicale, parce qu'aucun auteur, que je sache, ne s'est attaché à montrer d'une manière bien précise les phases diverses de la *position* du chant sacré dans les contre-points ecclésiastiques.

Or, d'après ce qui précède, il est bien évident, Monseigneur, que ceux qui, dans l'organisation harmonique du plain-chant, placent le sujet à la basse, n'ont point pour eux la sanction de la plus haute antiquité. Quel que soit le contre-point dont ils étouffent les mélodies liturgiques, ils peuvent maintenant suivre la filiation histo-

---

(1) L'abbé Lebeuf avance, dans son ouvrage qu'on vante trop, ces étranges paroles : — « C'est au déchant (il le confond ici avec le *chant sur le livre*), et à une « certaine délicatesse de prononciation qu'il a amenée avec lui, qu'on est redevable « d'avoir secoué le joug insupportable qu'on s'était imposé durant certains siècles, de « charger de quantité de notes la seconde syllabe des mots dactyliques, tels que « *Domine, Gloria, Spiritus*. La postérité ne croira peut-être pas que ce n'est que « depuis le siècle présent que d'illustres Églises Cathédrales du Royaume ont quitté « cet usage si choquant. C'est un des meilleurs effets dont le Chant Grégorien se soit « ressenti de la part des Musiciens modernes, que de s'être vu délivré de cette cou- « tume tyrannique (p. 101-102). »

(2) Brossard, à l'article *Falso-Bordone* de son excellent *Dictionnaire de musique* qu'on néglige trop, définit le faux-bourdon : — « Une musique simple de note « contre-note sur laquelle on chante souvent les *psaumes* et les *cantiques*. »

rique de leur système. Et quant aux amateurs du chant posé au ténor dans l'harmonisation vocale, leurs ancêtres ne sont pas non plus les premiers venus dans l'histoire de l'art. Cette gloire revient à ceux-là seulement qui, en organisant les cantilènes sacrées, ont soin de les mettre en relief à la partie supérieure.

Sous ce premier rapport donc, les *faux-bourdons* ou plutôt les contre-points généralement en usage dans le diocèse de Paris sont à réformer (1). Et ce n'est point exclusivement au point de vue de l'histoire que cette réforme est nécessaire, elle l'est encore au point de vue de l'esthétique musicale. Jusqu'ici, Monseigneur, les contrapuntistes ont assigné au plain-chant un rôle trop secondaire lorsqu'ils l'ont envisagé comme une simple partie d'accompagnement. Il faut enfin se souvenir que ce chant n'est pas une *basse*, mais bien une *véritable mélodie* ; il faut donner à nos cantilènes liturgiques toute la prééminence qu'elles méritent. Si on les pose à la basse, elles ne sont qu'un *piédestal*, tandis qu'elles doivent être la *statue;* si on les jette dans une partie intermédiaire, elles ne sont plus que du remplissage : ce qui est faux, absurde et contraire à toutes les règles mélodiques.

Pour ma part, je suis intimement persuadé que l'usage que je combats n'a pas peu contribué à la dépopularisation du plain-chant. Ceux qui s'occupent des combinaisons scientifiques qu'offre l'art d'écrire à plusieurs voix, peuvent trouver dans cet usage d'intéressants *sujets d'études;* mais le peuple n'a que faire de toutes ces combinaisons, et quand il entend plusieurs parties se mouvoir harmoniquement, si le sujet n'est point à la place que lui assigne la nature, il le cherche en vain et le confond avec des accompa-

---

(1) Je dois faire ici une honorable exception. M. Le Clercq, mon savant collègue à Saint-Gervais, cédant à son goût toujours si pur en matière de chant ecclésiastique, n'a pas hésité un seul instant d'adopter la réforme que je ne cesse de proposer et de vive voix et par écrit. J'aime à rendre cette justice à un homme vraiment estimable dont la modestie égale le profond savoir. On se rappelle que M. Le Clercq a autrefois soutenu, dans l'*Univers*, une grande discussion liturgico-musicale contre l'archéologue M. Didron. Une érudition solide a donné gain de cause au maître-de-chapelle, et l'archéologue a pris le sage parti de laisser tomber la lutte.

gnements qui, pour la plupart, sont d'une platitude proverbiale.

Mais, en admettant même que les contre-points sur le plain-chant respectent la mélodie, il ne serait pas inutile d'en restreindre l'emploi. On prodigue trop, Monseigneur, ces sortes de choses; on oublie que nos chants sont plus majestueux lorsqu'ils sont exécutés à l'unisson par les voix avec un simple accompagnement d'orgue. Les églises qui suivent la liturgie romaine ont compris cette haute vérité; elles n'admettent point l'harmonisation vocale du plain-chant, ou du moins les circonstances où elles l'emploient sont excessivement rares. Cela se conçoit et peut se justifier par les raisons suivantes :

1°. Pour harmoniser le plain-chant à plusieurs voix, il faut lui donner une mesure rigoureuse. Or, mesurer ainsi ce chant, c'est le défigurer, c'est lui ravir son caractère intime d'expression large et grandiose. Le plus grand nombre de nos maîtres-de-chapelle, qui ne jurent que par la musique moderne, ne se doutent pas le moins du monde que, sous ce rapport, ils dénaturent étrangement la liturgie musicale.

2°. Le plain-chant ne se prête pas toujours à l'harmonisation *vocale*, et lors même qu'il s'y prête plus ou moins, il est plus convenable de préférer l'*unisson* aux *accords*. Je n'ai jamais pu comprendre qu'on adaptât le contre-point au *Te Deum*, par exemple, au *Veni Creator*, et à une foule de morceaux sacrés auxquels l'art actuel, même avec toutes ses ressources, n'a rien à comparer. C'est, à mon avis, un véritable vandalisme.

3°. Dans le plain-chant, enfin, les mélodies y revêtent une forme si particulière, si prédominante de tonalité antique, que pour les assouplir à l'harmonisation européenne, il faut ou leur donner une étrange physionomie si on les respecte, ou les détruire si on les fait passer de leur tonalité à la nôtre.

Ces inconvénients sont moins sensibles, Monseigneur, lorsque l'orgue seul est chargé du soin d'accompagner le chant de l'Église. On peut se permettre sur cet instrument des combinaisons harmoniques en rapport avec l'ancienne tonalité de la liturgie musicale;

et de plus, les jeux de fonds, c'est-à-dire *les jeux doux* de l'orgue, exclusivement employés pour soutenir les cantilènes religieuses, relèvent singulièrement celles-ci, et forcent les chantres à rester dans le ton. Mais il faut pour cela que le sujet mélodique, dans l'accompagnement de l'orgue comme dans le contre-point vocal, soit placé à la partie supérieure. C'est ainsi que l'entend M. Fétis, et que ce savant didacticien l'enseigne dans ses différents ouvrages. L'illustre directeur du Conservatoire de Bruxelles combat, avec toute l'autorité que donnent l'érudition et le bon goût, la manière dure et repoussante avec laquelle presque tous les organistes parisiens traitent le plain-chant. Ces artistes, Monseigneur, emploient à la besogne tout ce que leur instrument possède de sonorité : ils exécutent avec les jeux d'anches le *canto fermo* à la partie grave du clavier, et rivalisent ainsi avec les voix *taurines* (1) qui mugissent dans le sanctuaire. Cela leur paraît majestueux; ils ne se doutent pas que cela n'est que ridicule et inconvenant... Puis, de la main droite, ils font entendre de perpétuelles *suites de tierces et sixtes* qui fatiguent les oreilles tant soit peu sensibles aux charmes d'une bonne harmonie.

L'emploi des jeux d'anches, pour l'accompagnement *choral* du plain-chant, donne lieu à un abus grave que je crois devoir signaler. Le bruit produit par la forte sonorité de ces jeux empêchant l'organiste de percevoir distinctement la voix des chantres, bien des accompagnateurs y obvient en saccadant d'une manière indigne leurs accords, comme s'ils frappaient les touches d'un piano. Ce n'est certes pas là le style propre de l'orgue,—style qui doit être *lié* d'après les prescriptions de tous les maîtres et la nature même de l'instrument. Mais ce qui m'étonne le plus, Monseigneur, c'est que j'ai entendu accompagner de la sorte un organiste qui possède d'ailleurs des qualités éminentes, et qui les fait briller dans l'une des plus grandes églises de votre diocèse.

Il est évident que tous ces abus ne militent en rien contre l'em-

---

(1) Expression consacrée par Jean le Diacre, il y a plus de mille ans.

ploi de l'orgue comme instrument accompagnateur du chant sacré. L'orgue a grandi dans nos temples, et l'on peut dire que la religion catholique l'a fait ce qu'il est, — *le roi des instruments* (1). Il s'harmonise si admirablement avec les accents de la prière, que rien ne pourrait le remplacer dans la liturgie. Nous ne vous dirons donc pas, Monseigneur : *Faites disparaître l'orgue de l'église,* car ce serait anéantir le plus magnifique chef-d'œuvre de l'esprit humain ; mais nous supplierons Votre Grandeur de rappeler aux artistes, qu'en oubliant les vrais principes de l'art chrétien, ils dénaturent des chants sublimes qu'ils devraient rendre plus sublimes encore. Nous vous supplierons de leur dire avec le saint pontife Benoît XIV : « In primis, curandum est ut verba *perfectè planèque* intelligantur (2). »

Puisque j'en suis à l'accompagnement instrumental du plain-chant, il est convenable, ce me semble, d'examiner si l'emploi du serpent, de l'ophicléide et de la contre-basse contribue à l'embellissement des mélodies ecclésiastiques?

Je pense, Monseigneur, qu'il faut établir ici de grandes distinctions.

En effet, dans les réformes que je propose, je voudrais voir l'exécution du plain-chant confiée à d'autres voix que celles de basses-tailles. Or, cette hypothèse admise, il est clair que les trois instruments qui viennent d'être nommés ne peuvent, en aucune manière, suivre à l'unisson le plain-chant.

S'agit-il de former, sous les mélodies religieuses, un véritable accompagnement harmonique? S'il existe un orgue de chœur, ces instruments deviennent encore tout à fait inutiles : leur emploi est une superfétation qui a tout au plus le privilége de grever les fabriques.

Mais en admettant que le plain-chant soit réalisé par des voix graves, et qu'il n'y ait point de petit orgue, je ne voudrais point

---

(1) On peut voir dans le *Bullaire* de Benoît XIV (tom. VII, p. 46, édition de Malines, 1827, *Lettre encyclique* du 19 février 1749), d'intéressants détails historiques sur l'introduction de l'orgue dans l'Église.

(2) *Lettre encyclique* déjà citée, § 3.

voir d'ophicléides dans le sanctuaire. Cet instrument possède d'incontestables qualités pour la musique d'un régiment, mais il n'a rien qui me le fasse préférer à l'antique *serpent* du moyen âge (1). « On aimait à voir, dit un écrivain moderne, cette figure du ten-
« tateur, contraint de venir, lui aussi, chanter les louanges de
« Dieu, se tortillant comme pour échapper aux mains qui l'étrei-
« gnent, et ne laissant échapper de son creux infernal que de sourds
« mugissements. L'instrument était peu parfait, sans doute; mais
« était-il impossible de le perfectionner (2) ? » Sa couleur et sa forme étaient symboliques; il produisait un son doux et voilé, assez en harmonie avec l'organe vocal de l'homme. Mais une innovation est survenue, et l'ophicléide, indigne successeur du serpent, a obtenu les honneurs d'un triomphe presque général : il couvre maintenant la voix de nos chantres de son timbre militaire et cuivré, à-peu-près comme un parvenu qui se permet d'être brutal, parce qu'il a quelques pièces d'or dans ses coffres.

Quant à la contre-basse, elle est préférable même au serpent, mais seulement dans l'hypothèse de l'absence d'un orgue-accompagnateur et de l'exécution du chant par les voix graves. Cet instrument, quoi qu'on en ait dit, a une grande ampleur de sonorité, et n'offre pas les inconvénients des cuivres; mais il demande à être joué d'une manière bien unie, sans saccades et selon le vrai style de l'orgue. Ce n'est pas ainsi qu'on fait parler la contrebasse dans nos églises : sous prétexte qu'il faut jouer fort, et que l'archet est court, les croque-notes martèlent leur exécution, et contribuent pour beaucoup à rendre le plain-chant dur, raboteux et désagréable.

Je crois, Monseigneur, m'être assez étendu sur les causes qui,

(1) Quand je dis *antique*, je ne parle pas de la forme actuelle du *Serpent*. Au moyen âge, cet instrument était un immense porte-voix comme il en existe encore beaucoup dans certaines églises de villages. Peu à peu on l'enrichit de quelques trous pour lui faire produire des intonations réelles. Puis on le courba un peu afin de le rendre d'un usage plus commode. Enfin, l'abbé Guillaume, chanoine d'Auxerre, au XVIe siècle, l'établit sous la forme qu'il a maintenant. On peut voir, dans l'*Harmonie universelle* de Mersenne, des détails curieux sur l'Histoire du *Serpent*.

(2) Feuilleton de l'*Univers*, n° du 8 octobre 1842.

dans l'exécution, concourent à dénaturer les mélodies ecclésiastiques, et partant les dépopularisent. Il en est d'autres non moins graves que je ne dois point passer ici sous silence ; ces causes, je les groupe en cinq catégories :

— Le dépérissement de la Foi ;

— L'introduction d'une musique frivole dans les églises ;

— La rémunération insuffisante que l'on accorde aux hommes chargés de l'exécution du chant ;

— La diversité des liturgies gallicanes ;

— Les vices radicaux, intrinsèques, du plain-chant parisien.

L'homme terrestre, Monseigneur, ne goûte point les choses de Dieu. Et c'est là précisément le cachet de l'époque actuelle, du moins dans les grandes villes absorbées par les rêves et les soucis de l'industrialisme. Le peuple qui devrait, comme autrefois, fréquenter en foule nos églises et y mêler sa voix à celle des chantres, n'a plus seulement le temps ni le désir de sanctifier le dimanche. Comment serait-il donc possible qu'au milieu de l'asservissement général de l'esprit à la matière, on prît goût aux mélodies liturgiques ? Les bons villageois purs et religieux aiment à redire, eux, le chant des psaumes ou d'une antienne à la Vierge en labourant la terre ; ils savent toutes ces choses par cœur, car ils se font un honneur et une fête de se montrer le dimanche au lutrin de leur paroisse ; mais l'ouvrier de la ville, le manufacturier, le négociant et l'homme de finances, s'occupent fort peu d'un chant que leur indifférence religieuse transforme en vieillerie bonne tout au plus à endormir les dévotes. Ce qu'il faut à ces derniers, c'est une musique légère, frivole, fade et mondaine. Passionnés pour le théâtre, accoutumés aux effets lyriques de la scène, vous les verrez, Monseigneur, donner leur approbation à un motet composé de fragments de musique d'opéra, à une messe dramatique à grand orchestre où chanteurs et instrumentistes semblent donner un concert, à un *solo* langoureux exécuté plus langoureusement encore par un artiste en vogue. Mais n'exigez d'eux rien de plus, car vous échoueriez complétement. Les maîtres-de-chapelle modernes ont ainsi façonné le public : ils l'ont corrompu, musicalement parlant. Ceux d'entre eux qui raisonnaient ont cru sauver l'art chrétien en le mettant au niveau du goût d'une époque indifférente en matière de religion. Et ce qu'il était facile de prévoir est advenu : on a tué l'art chrétien, et l'on n'a pas servi la foi.

Je ne vois qu'un remède à ce mal : les mauvais maîtres l'ont produit, des hommes de talent et de goût le feront disparaître *peu à peu.*

Mais comment obtenir des restaurateurs du plain-chant? Comment se procurer des artistes qui sachent faire triompher ce chant majestueux, sans cependant proscrire l'emploi sage et modéré d'une musique grave, religieuse et profonde? Comment parvenir à grouper, autour de ces chefs intelligents, d'autres artistes qui soient pénétrés de leur mission sainte et sublime? Ah! Monseigneur, c'est ici qu'il faut déplorer le malheur des temps! Lorsque l'Église de France était riche, elle donnait une position indépendante et noble aux talents qui se dévouaient à son service; mais aujourd'hui qu'elle ne l'est plus, les talents se portent vers un autre centre d'activité. De là, Monseigneur, tant de virtuoses pour le théâtre, et si peu d'artistes véritables pour le culte divin! C'est que d'un côté on peut, avec du génie, parvenir rapidement à une haute fortune, et que de l'autre les études les plus longues, le savoir le plus étendu, le goût le plus pur, le dévouement le plus complet, ne peuvent maintenir l'artiste que dans un état voisin de la misère..... Voilà, Monseigneur, un des côtés les plus douloureux de la question qui nous occupe. Il est impossible que cet état de choses n'ait point déjà frappé l'attention des hommes qui nous gouvernent. Ceux-ci savent parfaitement que les arts ont donné à la France cette auréole qui la fait resplendir au-dessus de toutes les nations, et ils ne peuvent oublier que l'Église a contribué pour beaucoup à l'illustration qui s'attache au nom seul de notre pays. M. de Salvandy est un homme trop éminent, il encourage trop noblement les beaux-arts, pour ne pas vous seconder, Monseigneur, dans la mission que vous venez d'entreprendre, et pour laquelle il a déjà fait lui-même d'honorables tentatives.

Je passe à la diversité des liturgies gallicanes. — Je ne dirai pas avec monseigneur de Langres (car je n'en ai point le droit) : « *La « liturgie ne se fait pas, mais se reçoit...*; elle doit être dans son en- « semble, ou *transmise* par la tradition, ou *réglée* par le Saint- « Siége (1). » Laissant de côté cette partie de mon sujet, je remar- querai seulement, Monseigneur, que le grand nombre des liturgies musicales, adoptées en France depuis le milieu du xviiie siècle environ jusqu'à nos jours, n'a pas peu contribué à *dépopulariser* le plain-chant. Cela était inévitable. Nous appartenons à une époque de mouvement et de circulation que les voies publiques, la célérité des moyens de transport et la modicité des frais de voyage rendent de plus en plus sensibles. On n'est plus le citoyen d'une bourgade, d'une ville : on est devenu, pour ainsi dire, l'habitant de toute la France. Aujourd'hui je me trouve dans un diocèse qui suit le rite parisien; demain je serai dans un département qui ne connaît d'autre liturgie que celle de Rome; après-demain mes affaires m'appelleront dans une cité où il n'est question ni du chant romain ni du chant parisien. Évidemment, Monseigneur, dans le tourbillon d'affaires qui agite notre époque et nous force malgré nous à la locomotion, on ne peut pas exiger de chaque catholique qu'il con- naisse toutes les liturgies musicales de la France. Un Pic de La Mirandole n'y parviendrait point. Et si cette connaissance est im- possible, comment voudrait-on que le plain-chant fût populaire?

Un chant ne peut être populaire, Monseigneur, que lorsqu'il est le même partout. Modifiez une mélodie, ajoutez-y des notes à Paris, retranchez-en quelques-unes à Lyon, modifiez-la de quelque autre manière à Cambrai, — elle pourra bien être *locale*, mais *popu- laire*, jamais. Pourquoi? Parce que, je le répète, la société française n'est plus sédentaire, immobile, inféodée à une ville ou à un village comme autrefois. Maintenant, l'idée de *popularité* implique celle de *généralité*, en vertu même de cette locomotion sociale dont je parlais tout à l'heure.

(1) *De la Question liturgique*; Paris, janvier 1846, broch. in-8º, p. 12.

Sous ce rapport donc, Monseigneur, la popularisation du plain-chant parisien est impossible. Paris est le point central où viennent aboutir toutes les intelligences, toutes les activités; c'est le rendez-vous, non d'un peuple, mais de tous les peuples. Toujours, donc, cette ville renfermera dans son sein des catholiques de toutes les provinces de France et de tous les pays du monde. Or, ces myriades de fidèles y apportant sans cesse leurs diverses habitudes liturgiques, ne se ploieront jamais à un chant religieux qui n'est pas celui de leur diocèse primitif.

Mais, au lieu des plains-chants de Paris, de Vienne, de Meaux, de Versailles, de Moulins, de Noyon, etc., supposez un instant, Monseigneur, un plain-chant universel, *catholique*; et vous concevrez aussitôt la possibilité du résultat que vous voulez si noblement atteindre.

C'est proclamer assez haut la nécessité *artistique* d'une seule et unique liturgie musicale; c'est assez dire que je vois avec bonheur toutes les prétendues réformes opérées au xviiie siècle, dans le plain-chant, tomber chaque jour les unes après les autres pour faire place à la liturgie romaine qui est, comme l'a si bien dit le savant évêque de Langres, la plus ancienne, la plus universelle, la plus immuable, la plus complète et la plus sûre. L'unité disciplinaire du culte se rétablit en France d'année en année, et bientôt, grâce à Dieu, il n'y sera plus question des monstruosités musicales introduites dans nos églises par l'abbé Lebeuf et ses imitateurs.

Quand je qualifie de *monstruosités musicales* les réformes de Lebeuf et consorts, je ne crois pas, Monseigneur, exagérer le moins du monde. Si les limites que je me suis imposées dans ce *Mémoire* me le permettaient, il me serait facile de prouver que l'abbé Lebeuf n'entendait absolument rien à la tonalité du plain-chant. Dans le court espace de six ans (1734-1741), ce brave homme bouleversa de fond en comble l'Antiphonaire et le Graduel romains, admirables productions de plus de *douze siècles* de génie! Bâtissant son édifice à coups de hache ou à coups de badigeon, il retrancha,

— 31 —

il ajouta au hasard des notes et des traits mélodiques pour allonger ou raccourcir les antiques cantilènes religieuses, et les adapter ainsi à de nouvelles paroles que les puristes du temps substituaient à l'ancien texte de l'Église catholique. Le vandalisme était à l'ordre du jour au XVIIIe siècle, et Lebeuf, à son insu, cédait à la fatale impulsion de son irréligieuse époque. Aussi son œuvre est-elle empreinte d'un caractère bizarre que la science la plus patiente ne résoudra jamais. Tout y est confondu; tout y présente un effroyable pêle-mêle. Vous croyez être dans un mode ecclésiastique, mais tout à coup une modulation vient vous arrêter et vous confondre; vous ne savez plus où vous en êtes : la mélodie vous échappe; la tonalité disparaît; ce n'est plus du plain-chant, et ce n'est pas non plus de la musique moderne; c'est quelque chose qui n'a point de nom.

Je disais dernièrement à M. Danjou, dont je vénère le zèle et la science incontestables : « J'ai fait un grand travail dans lequel j'ai « assigné avec une exactitude mathématique toutes les modulations « de chaque ton grégorien; mais j'ai vainement cherché le même « résultat dans les innovations de Lebeuf et de ses émules. » Le savant homme ne me répondit point; ma remarque, que sans doute il s'était déjà faite à lui-même, était une condamnation sans réplique...

Il n'y a donc qu'un seul moyen, Monseigneur, d'améliorer le plain-chant parisien : c'est de l'abolir. Et quand je proclame cette abolition, je n'entends pas faire disparaître les morceaux de notre antique plain-chant national : car Rome les a conservés avec honneur dans sa liturgie. On y voit, chacun le sait, le *Te Deum* de saint Hilaire de Poitiers (1), le chant psalmodique de l'*In exitu*

(1) L'abbé Cousseau, directeur du Séminaire de Poitiers : *Mémoire sur l'auteur du Te Deum* (2e vol. des *Mémoires de la Société des Antiquaires de l'Ouest*, in-8°, 1837, p. 251-266). M. Fétis se trompe lorsqu'il dit (*Biogr. univers.*, tome VIII, p. 14), que saint Hilaire est aussi l'auteur du *Gloria Patri*; il a mal lu la savante dissertation de M. Cousseau. Ce dernier soutient (p. 263) que l'illustre pontife de Poitiers a composé le *Gloria in excelsis* : ce qui est un peu différent, on en conviendra.

Israel (1), le *Veni Creator* de Charlemagne (2), le *Vexilla Regis* de Fortunat (3), etc. Plus courtoise que nous, Monseigneur, l'Église catholique, apostolique et romaine a maintenu nos plus beaux chants religieux; tandis que la France a tenté de détruire, autant qu'il était en son pouvoir, les mélodies sacrées de la *mère* et de la *maîtresse* de toutes les églises du monde. C'est donc justice de réparer aujourd'hui l'outrage que nos inhabiles ancêtres ont fait à la chaste épouse de Jésus-Christ.

Monseigneur, c'est vers vous que se portent en ce moment les vœux de tous les hommes graves qui ont longtemps étudié la liturgie musicale. Ils ont foi dans votre haute intelligence et dans votre noble zèle. Vous saurez aplanir les difficultés, vaincre les obstacles qui, dans votre diocèse, pourraient s'opposer à la réhabilitation du plain-chant romain. Une gloire immortelle vous est acquise, si vous permettez à l'histoire de buriner un jour sur ses tables d'airain cette grandiose et magnifique réforme.

Je suis, Monseigneur, avec le plus profond respect,

DE VOTRE GRANDEUR,

Le serviteur très-humble,

THÉODORE NISARD.

---

(1) Voir dans le P. Martini (*Storia della musica*, t. I, 3ᵉ dissertat.) l'histoire de ce chant gallican.

(2) L'abbé Lebeuf, p. 15. Il est étonnant que M. Fétis, qui a consacré à Néron un article biographique, n'ait pas trouvé Charlemagne digne de la plus petite mention musicale.

(3) Mathieu, *nouvelle Méthode de Plain-Chant*, 1 vol. in-12; Paris, 1839, p. 7.

Typ. de H. V. DE SURCY et Cᵉ, rue de Sèvres, 37.

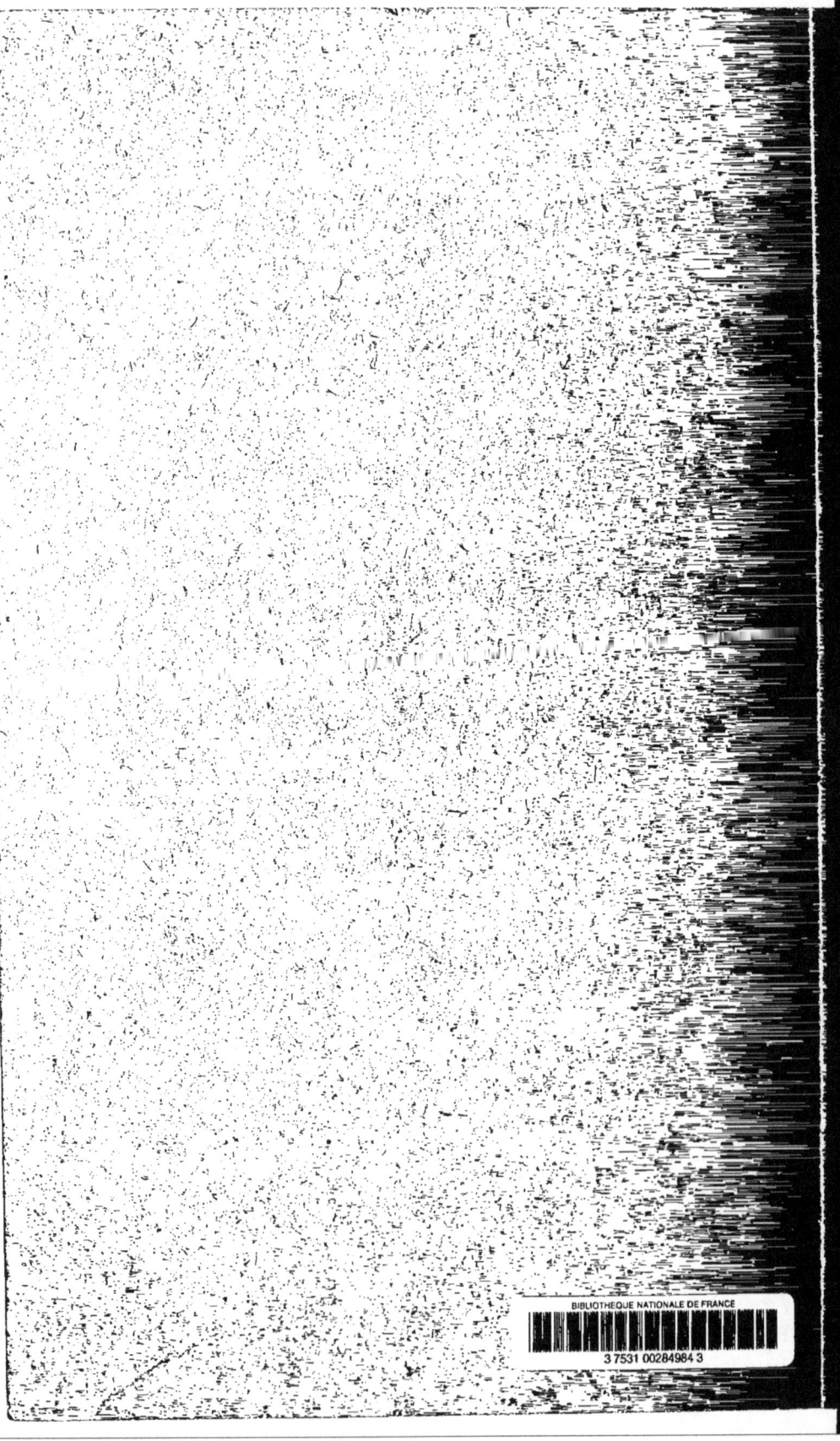